BEI GRIN MACHT SICH IHR WISSEN BEZAHLT

- Wir veröffentlichen Ihre Hausarbeit,
  Bachelor- und Masterarbeit

- Ihr eigenes eBook und Buch -
  weltweit in allen wichtigen Shops

- Verdienen Sie an jedem Verkauf

Jetzt bei www.GRIN.com hochladen
und kostenlos publizieren

Tamara Rachbauer

Auswahl einer geeigneten Auswertungsmethode zur Auswertung einer Gruppendiskussion

Anleitung zu einem gegebenen Arbeitsauftrag

GRIN Verlag

Bibliografische Information der Deutschen Nationalbibliothek:

Die Deutsche Bibliothek verzeichnet diese Publikation in der Deutschen National-
bibliografie; detaillierte bibliografische Daten sind im Internet über http://dnb.d-
nb.de/ abrufbar.

Impressum:

Copyright © 2009 GRIN Verlag GmbH
Druck und Bindung: Books on Demand GmbH, Norderstedt Germany
ISBN: 978-3-656-70913-8

GRIN - Your knowledge has value

Der GRIN Verlag publiziert seit 1998 wissenschaftliche Arbeiten von Studenten, Hochschullehrern und anderen Akademikern als eBook und gedrucktes Buch. Die Verlagswebsite www.grin.com ist die ideale Plattform zur Veröffentlichung von Hausarbeiten, Abschlussarbeiten, wissenschaftlichen Aufsätzen, Dissertationen und Fachbüchern.

Besuchen Sie uns im Internet:

http://www.grin.com/

http://www.facebook.com/grincom

http://www.twitter.com/grin_com

eEducation, MA

Auswahl einer geeigneten Auswertungsmethode zur Aus-
wertung der Gruppendiskussion mit den Nicht-Notebook-
LehrerInnen auf die in der Cover-Story genannten For-
schungsfragen.

Arbeitsauftrag 3 der Online-Vorphase im Modul 16 – (qualitative) Forschungsmetho-
den

vorgelegt von: *Tamara Rachbauer*

Eingereicht am Montag, 11. Jänner 2010

Inhaltsverzeichnis

Arbeitsauftrag 3 – Auswahl von Auswertungsmethoden

1 Arbeitsauftrag 3 – Auswahl geeigneter Auswertungsverfahren

In der Coverstory „Das Notebook-Projekt" erhalten Maria und Bernd den Auftrag eine Auswertungsmethoden auszuwählen, mit welcher die beiden Hauptpersonen die Gruppendiskussion der Nicht-Notebook-LehrerInnen auf die in der Cover-Story genannten Forschungsfragen hin auswerten können. Im Arbeitsauftrag 3 sollen wir uns in die Lage von Bernd und Maria versetzen und diese Aufgabe lösen.

Zur Aufgabenlösung gilt es die im zur Verfügung gestellten Dokument – Baustein III: Auswertungsmethoden – aufgeführten Methoden auf Ihre Tauglichkeit zur Beantwortung der in der Coverstory aufgeführten Forschungsfragen zu analysieren.

Diese Forschungsfragen sind:

- Welche Annahmen machen die Lehrer über die Wirkung von Notebooks auf den Unterricht? (kognitive Dimension 1)

- Was wissen die Lehrer über die Potentiale von Notebooks für Lernen und Lehren? (kognitive Dimension 2)

- Welche Ängste verbinden die Lehrer mit dem Notebook-Einsatz in der Schule? (emotionale Dimension 1)

- Was macht die Lehrer neugierig, wenn es um Notebooks in der Schule geht? (emotionale Dimension 2)

Dafür ist es notwendig, sich wie in Aufgabe 2 bestimmte Kriterien zu überlegen, die an die einzelnen Methoden gestellt werden können.

Folgende Dinge sind zusätzlich zu beachten:

- Überlegen, WAS aus dem Untersuchungsmaterial herausgefiltert werden soll:

  - Sollen bestimmte „Typen" von LehrerInnen identifiziert werden;

  - Soll besonderes Augenmerk auf den Diskussionsverlauf gelegt werden;

  - soll das Material zur Bildung eines theoretischen Modells genutzt werden oder

  - Sollen die Informationen zu einzelnen Themen/Fragen gebündelt werden.

- Beachten der spezifischen Rahmenbedingungen des Forschungsprojekts

  - Es stehen nur begrenzte personelle und zeitliche Ressourcen für die Auswertung zur Verfügung;

- Beachten der in der Coverstory genannten Forschungsfragen

  - Mit welcher Methode können die Forschungsfragen zur Auswertung der Informationen aus der Gruppendiskussion am besten beantwortet werden? bzw.

- mit welcher Methode können die notwendigen Informationen zur Beantwortung heraus-gefunden werden.

Bei der Darstellung der Aufgabenlösung sind folgende Dinge zu beachten

- Kurzes Erläutern, wie die ausgewählten Kriterien zustande gekommen sind.

- Anwenden der Kriterien auf die im zur Verfügung gestellten Dokument – Baustein III: Aus-wertungsmethoden – dargestellten Auswertungsmethoden.

- Auswählen von EINER Methode, die als geeignet erscheint und begründen der Wahl in we-nigen Sätzen.

2 Ermitteln von Kriterien, die an die einzelnen Methoden gestellt werden

2.1 Aufstellen der zu berücksichtigenden Rahmenbedingungen

Um geeignete Kriterien aufstellen zu können, wurden im ersten Schritt alle zu beachtenden Rahmenbedingungen zusammengeschrieben (vgl. Coverstory, Teil III und Arbeitsauftrag 3)

- Mit der gewählten Auswertungsmethode müssen die Forschungsfragen zufrieden stellend beantwortet werden können:

    a) Welche Annahmen machen die Lehrer über die Wirkung von Notebooks auf den Unterricht? (kognitive Dimension 1)

    b) Was wissen die Lehrer über die Potentiale von Notebooks für Lernen und Lehren? (kognitive Dimension 2)

    c) Welche Ängste verbinden die Lehrer mit dem Notebook-Einsatz in der Schule? (emotionale Dimension 1)

    d) Was macht die Lehrer neugierig, wenn es um Notebooks in der Schule geht? (emotionale Dimension 2)

- Um alle Forschungsfragen zufrieden stellend beantworten zu können, muss überlegt werden, WAS genau, also welche Informationen, aus dem Untersuchungsmaterial herausgefiltert werden soll. Dadurch lässt sich schon eine erste Einschränkung für die Auswertungsmethoden erreichen.

    - Sollen bestimmte „Typen" von LehrerInnen identifiziert werden;

    - Soll besonderes Augenmerk auf den Diskussionsverlauf gelegt werden;

    - soll das Material zur Bildung eines theoretischen Modells genutzt werden oder

    - Sollen die Informationen zu einzelnen Themen/Fragen gebündelt werden.

- Für die Durchführung der Erhebungen stehen nur begrenzte personelle und zeitliche Ressourcen zur Verfügung. Auch dadurch kommt es zu einer Einschränkung der möglichen für diesen Fall passenden Auswertungsmethoden.

2.2 Unter Berücksichtigung der Rahmenbedingungen ausgearbeitete Kriterien

1. **Hauptaugenmerk** liegt auf der **zufrieden stellenden Beantwortung der Forschungsfragen.** Dazu muss zuallererst überlegt werden, **WAS aus dem Untersuchungsmaterial herauszufiltern ist,** damit die Forschungsfragen mit diesen gefilterten Informationen auch wirklich zufrieden stellend beantwortet werden können.

a) *Identifizierung von bestimmten „LehrerInnen-Typen":* Aufgrund der ohnehin schon bestehenden Ängste der Nicht-Notebook-LehrerInnen, dass die Ergebnisse der Studie von vorneherein schon feststehen und es nur darauf hinauslaufen würde zu zeigen, dass die Nicht-Notebook-Klassen „dümmer" seien (siehe Coverstory Teil 3), ist es, meiner Meinung nach, nicht sinnvoll, aus den gewonnenen Informationen über deren Einstellungen, Kenntnisse und Erfahrungen verschiedene LehrerInnen-Typen zu bilden. Das würde die Vorurteile der LehrerInnen nur bestätigen, und dadurch könnten die Vorteile der Gruppendiskussion, nämlich die „klärende" und „klimatisch reinigende" Wirkung (siehe Coverstory Teil 3), schnell ins Gegenteil gekehrt werden. Denn gerade aus eigenen Gesprächen mit Lehrkräften weiß ich, dass diese nicht unbedingt positiv reagieren, wenn es darum geht, dass sie einem bestimmten Typ von Lehrkraft zugeordnet werden. Des Weiteren dürfte es mit nur drei Lehrkräften schwierig sein, genügend geeignete Merkmale zu finden, um aussagekräftige Typen zu definieren. Ebenso erscheint es mir ebenfalls schwierig zu sein, die gestellten Forschungsfragen durch Typenbildung zufrieden stellend beantworten zu können.

b) *Besonderes Augenmerk auf den Diskussionsverlauf:* Wenn das Hauptaugenmerk auf den Diskussionsverlauf gelegt wird, können Emotionen wie Ärger, Wut, Neid oder Neugier durchaus zufrieden stellend ermittelt werden. Aber gerade darin sehe ich auch die Gefahr, dass den für die Forschungsfragen ebenso wichtigen Informationen über Kenntnisse und Erfahrungen der LehrerInnen im Umgang mit den neuen Medien zu wenig Aufmerksamkeit geschenkt wird.

c) *Nutzung des Materials zur Bildung eines theoretischen Modells:* Die Bildung von theoretischen Modellen erscheint mir erstens als viel zu zeitaufwändig und zweitens wird hierfür auch viel Erfahrung benötigt, welche die beiden StudentInnen, soweit dies aus der Coverstory hervorgeht, noch nicht mitbringen. Drittens, und das ist für mich wohl der wichtigste Ausschließungsgrund, ist das Ziel der Gruppendiskussionsauswertung nicht die Entwicklung eines theoretisches Modells, sondern eine zufrieden stellende Beantwortung der Forschungsfragen und daraus Maßnahmen zu entwickeln, um die eigentliche Studie zeitgerecht und gewinnbringend durchführen zu können.

d) *Bündeln der Informationen zu einzelnen Themen/Fragen:* Meiner Meinung nach am besten vorstellbar wäre es, die ermittelten Informationen über Einstellungen, Kenntnisse, Erfahrungen und die zum Vorschein kommenden Gefühle zu einzelnen Themengebieten bzw. Fragen zu bündeln, oder anders ausgedrückt in Kategorien zusammenzufassen. Dabei würde es sich anbieten die vier Forschungsfragen zu verwenden, um daraus Kategorien wie „Potentiale", „Wirkung", „Ängste" oder „Neugier", zu bilden. Die aus der Gruppendiskussion gewonnenen Informationen ließen sich dann zu den einzelnen Kategorien zuordnen.

2. Des Weiteren werden **Auswertungsmethoden** benötigt, die **mit relativ geringem zeitlichem und personellem Aufwand durchzuführen sind**, da wie schon in Aufgabe 2 bei den Erhebungsmethoden, nur begrenzte Ressourcen für die Auswertung der Gruppendiskussion zur Verfügung stehen.

3. Weiters ist auch wieder, wie schon bei den Erhebungsmethoden, zu überlegen, welche **Anforderungen** durch die Auswertungsmethoden **an die ForscherInnen** gestellt werden. Benötigen diese besondere Vorkenntnisse bzw. Erfahrungen für die Durchführung der Auswertung? Denn, wenn die Entwicklung des Auswertungsinstruments wieder von Maria und Bernd durchgeführt werden soll, hat man es mit zwei StudentInnen zu tun, für die dieses Gebiet Neuland ist und keine Zeit für zusätzliche Einschulungen zur Verfügung steht.

3 Anwenden der Kriterien auf die Erhebungsmethoden

Damit alle im Kapitel 2 genannten Kriterien zufrieden stellend erfüllt werden können, werden diese auf die im Dokument – Baustein III: Auswertungsmethoden – vorgestellten Methoden angewandt und im nächsten Kapitel 4 die daraus resultierende Entscheidung begründet. Um die Einschätzungen so gut als möglich durchführen zu können, werden die in Kapitel 2.1 aufgestellten Rahmenbedingungen durchgehend in die Überlegungen mit einbezogen.

Anmerkung: Die Datendokumentation ist laut dem zur Verfügung gestellten Dokument – Baustein III: Auswertungsmethoden – eine Vorstufe der eigentlichen Auswertung und bei fast allen Auswertungsmethoden notwendig. Da auch das Videomaterial der Gruppendiskussion für eine Analyse erst verschriftlicht und damit die Dokumentation der Daten durchgeführt werden muss, wird die Datendokumentation nicht mehr in die Überlegungen miteinbezogen.

3.1 Qualitative Inhaltsanalyse

Dies ist laut dem zur Verfügung gestellten Dokument – Baustein III: Auswertungsmethoden – eine Auswertungsmethode, welche der Interpretation von Forschungsmaterial dient.

Insgesamt sind laut Baustein III: Auswertungsmethoden manifeste Kommunikationsinhalte, also explizite und bewusste Äußerungen sowie subjektive Sichtweisen häufig der Untersuchungsgegenstand. Dies würde im Fall der Coverstory auf die Gruppendiskussion zutreffen. Aus der Diskussion können explizite und bewusste Äußerungen und auch subjektive Sichtweisen gesammelt werden.

Wird als Analysetechnik die Zusammenfassung verwendet, können die gesammelten Informationen zu einer überschaubaren Menge zusammengefasst werden, was wiederum hilfreich ist, um das Kriterium „mit geringem zeitlichem und personellem Aufwand" zu bewerkstelligen.

Ebenso kann das Kriterium „Bündeln der Informationen zu einzelnen Themen/Fragen" verwirklicht werden, da bei der qualitativen Inhaltsanalyse mit Kategoriesystemen gearbeitet wird, es also möglich ist Kategorien (Themen- oder Fragegebiete) aus den Forschungsfragen zu bilden. Damit wäre auch das Kriterium „zufrieden stellende Beantwortung der Forschungsfragen" erfüllt, da die gesammelten Informationen über Einstellungen, Kenntnisse, Erfahrungen und Gefühle direkt den gebildeten Kategorien, also den Themen bzw. Fragen, zugeordnet werden können.

Das Durchführen der Analyse stellt, soweit ich dies beurteilen kann, keine hohen Anforderungen an die ForscherInnen.

3.2 Typologische Analyse

Dies ist laut dem zur Verfügung gestellten Dokument – Baustein III: Auswertungsmethoden – eine Auswertungsmethode, bei welcher möglichst prägnante Fälle identifiziert und typisiert werden.

Wie schon im ersten Satz beschrieben wird die typologische Analyse für die Typenbildung eingesetzt, also um z. B. Charakteristika verschiedener Personengruppen herauszuarbeiten. Da dies, wie schon im Kapitel 2.2 begründet, aber im Falle der Gruppendiskussion nicht durchgeführt werden sollte, scheidet diese Auswertungsmethode von vornherein aus und muss nicht auf die weiteren Kriterien hin untersucht werden.

3.3 Gegenstandsbezogene Theoriebildung

Dies ist laut dem zur Verfügung gestellten Dokument – Baustein III: Auswertungsmethoden – eine Auswertungsmethode, bei welcher eine Überschneidung von Auswertung und Erhebung des Datenmaterials (und somit auch der Theoriebildung) entsteht.

Bereits aus der Vorgehensweise geht hervor, dass auch diese Auswertungsmethode für den Fall der Auswertung der Gruppendiskussion nicht geeignet ist, da hier Datenerhebung und Auswertung gleichzeitig stattfinden sollten und das klassische Anwendungsgebiet die teilnehmende Beobachtung ist.

Natürlich wäre es beim Analysieren des Videomaterials möglich, immer wieder bei einem zentralen Aspekt zu stoppen und ein Memo zu verfassen. Dennoch gibt es weitere Gründe, die gegen diese Methode sprechen.

Gerade, wenn es um die Auswertung der Memos, also um die Kodierung der gesammelten Informationen geht, dürfte es für unerfahrene ForscherInnen wie Maria und Bernd schwierig und viel zu zeitaufwändig werden. Vor allem deshalb, weil für die Theoriebildung, also das angestrebte Endziel dieser Auswertungsmethode, drei vom Aufwand her nicht zu unterschätzende Codier-Arten durchgeführt werden müssten. Dadurch kann eines der wichtigsten Kriterien neben der zufrieden stellenden Beantwortung der Forschungsfragen, nämlich das Kriterium „mit geringem zeitlichem und personellem Aufwand" nicht erfüllt werden, wodurch eine Überprüfung auf die weiteren Kriterien nicht mehr notwendig wäre.

Dennoch möchte ich noch hinzufügen, dass die Zielsetzung der Gruppendiskussionsauswertung nicht darin liegt, eine in den Daten begründete Theorie zu entwickeln, sondern eine zufrieden stellende Beantwortung der Forschungsfragen zu erreichen und daraus Maßnahmen zu entwickeln, um die eigentliche Studie zeitgerecht und gewinnbringend durchführen zu können.

3.4 Sequenzielle Analysen

Diese sind laut dem zur Verfügung gestellten Dokument – Baustein III: Auswertungsmethoden – Auswertungsmethoden, welche eine strenge sukzessive Vorgehensweise verlangen und eine Interpretation und Theoriebildung entlang der Struktur des Textes verlangen.

Die sequenziellen Analysen (Konversationsanalyse, Diskursanalyse, narrative Analyse, Objektive Hermeneutik) eignen sich, meiner Meinung nach, nicht für die Auswertung der Gruppendiskussion, weil hier eine Loslösung von der Struktur und zeitlichen Abfolge des Textes nicht zugelassen wird. Für das Kriterium „Bündeln der Informationen zu einzelnen Themen/Fragen" ist eine Loslösung von der Struktur und zeitlichen Abfolge, also von der Gestalt des Textes, aber notwendig, ansonsten können die Aussagen nicht neu zu verschiedenen Themen zugeordnet werden.

Des Weiteren liegt das Anwendungsgebiet der narrativen Analysen vorwiegend in der Biographieforschung, die Objektive Hermeneutik kommt aufgrund des hohen Aufwandes und damit der benötigten zeitlichen bzw. personellen Ressourcen nicht in Frage.

4 Begründung für die Auswahl der Auswertungsmethode

Aufgrund der Ergebnisse der Einschätzungen in Kapitel 3 hat sich die qualitative Inhaltsanalyse als passende Auswertungsmethode herauskristallisiert.

Deshalb sollen in diesem Kapitel noch einmal in kurzer Zusammenfassung die Gründe aufgezählt werden.

- Das Hauptaugenmerk bei der Auswertung der Gruppendiskussion liegt auf dem Bündeln der gesammelten Informationen und somit den Inhalten. Dies wird durch die Bildung von Kategorien ermöglicht.

- Durch die Analysetechnik Zusammenfassung können die gesammelten Informationen zu einer überschaubaren Menge zusammengefasst werden. Die Auswertung dieser überschaubaren Informationsmengen lässt sich dann auch mit den nur im begrenzten Ausmaß zur Verfügung stehenden personellen und zeitlichen Ressourcen bewerkstelligen.

- Das Bilden von Kategorien stellt keine hohen Anforderungen an die ForscherInnen.

- Häufig sind explizite und bewusste Äußerungen sowie subjektive Sichtweisen, wie sie in Gruppendiskussionen durchaus vorkommen, der Untersuchungsgegenstand.

5 Überlegungen zur weiteren Vorgehensweise

Die eigenen Überlegungen zur weiteren Vorgehensweise, also zur Auswertung der Informationen mit Hilfe der qualitativen Inhaltsanalyse, sollen hier in einer Schritt-für-Schritt-Aufzählung ansatzweise dargestellt werden.

- **Schritt 1:** Die auf Video aufgezeichnete Gruppendiskussion wird mit Konzentration auf die inhaltlich-thematische Ebene verschriftlicht;

- **Schritt 2:** Das verschriftlichte Material wird mit Hilfe der qualitativen Inhaltsanalyse ausgewertet;

  - **Schritt 2a:** Mit Hilfe der Forschungsfragen werden erste Kategorien definiert.

  - **Schritt 2b:** Das verschriftlichte Material (Aussagen) wird durchgearbeitet, indem die Textstellen, die einer bestimmten Kategorie zugeordnet werden können, farblich passend markiert werden. Wenn keine Zuordnung zu einer bestehenden Kategorie möglich ist, wird eine neue Kategorie festgelegt und die entsprechende Textstelle wieder farblich passend markiert.

  - **Schritt 2c:** In einem zweiten Durchlauf wird das Textmaterial wieder durchgelesen, noch nicht berücksichtigte Aussagen zugeordnet bzw. noch nicht wirklich passende Aussagen neu zugeordnet und Überlappungen beseitigt.

- **Schritt 3:** Sind alle Aussagen zugeordnet und die Kategorien zufrieden stellend angelegt worden, kann mit der eigentlichen Interpretation und Auswertung begonnen werden.